69

Bibliografische Informationen der Deutschen
Nationalbibliothek:
Die Deutsche Nationalbibliothek verzeichnet diese
Publikation in der Deutschen Nationalbibliographie,
detaillierte bibliografische Daten sind im Internet
über http: //dnb.dnb.de abrufbar.
© 2020 Heinrich Höchsmann

BoD – Books on Demand, Norderstedt

ISBN: 9783750437487

Lektorat: Roxana Höchsmann, Ingrid Femmig
Gestaltung: Hannah Wiesner, Frank Höchsmann
Karikatur: Fevzi Kasli, Heinrich Höchsmann
Foto Autor: Heinrich Höchsmann

Heinrich Heini

Die verborgenen Seiten des Herrn Siegerius

Sekunden Satiren
69 Sequenzen

OUVERTÜRE ZUM ZWEITEN BAND

Darf (Höchs)man(n) den Namen des verdienten Hermannstädter Historikers Sigerus verballhornen? Ja, man darf es (Tucholsky). Im Namen der Satire darf man es. Durch Zufügen von Buchstaben entsteht ein neuer Name mit einer neuen Bedeutung. Der neue hat den Sieger im Wort, obwohl er nicht immer dieser bleibt.
Weil aber das Geschrei der Kulturoberen groß war und bis zur Ausgrenzung ging, hab ich mir überlegt, ob es nicht doch Alternativen gibt. Gelandet bin ich bei Herr Siegrus, Herr Sieghurt, Herr Sigi, oder gar bei Herr Mannstädter. Allesamt abgelehnt, weil nicht so eingängig, also nicht passend. Um das Kürzel H. S. beizubehalten, war ich kurz davor, meinen mitteilungsfreudigen Herren, Herrn

Siebenbürger zu nennen. Verwarf ihn aber sofort wieder mir vorstellend, wie die Ablehnung und die Gegenaktionen ausfallen würden.

Über Lapi Darius habe ich auch nachgedacht und für nicht schlecht befunden. Der wäre aber eine ganz neue Figur, die ich anders gestalten müsste.

Also, um mit Westernhagen zu schließen: „Der Künstler ist nicht da, um Erwartungen zu erfüllen!"

Es bleibt also bei Herr Siegerius. Der zweite Band liegt vor und täglich kommen neue Sequenzen hinzu.

Damit aber kein Ende, denn Frau Siegeria gibt bald ihren Senf dazu.

Heinrich Heini, der kleine Bruder, Bodensee, im Juli 2019

Herr Siegerius hat sich verlobt ………….

mit seinem zweiten Buch.

H. S. 102

Jeden Morgen,
wenn H. S. vor den Spiegel trat,
fragte er sich,

ob er noch habe oder schon sei.

Herrn Siegerius' Freundin heißt Ana,

Ana Conda.

H. S. 104

Seit Herr Siegerius wusste,
dass sein Chef die neuen
Führungsleitlinien 2020 Wort für Wort
und ohne Angabe der Quelle aus dem
Manager Magazin abgeschrieben
hatte,

hat er ihn abgeschrieben.

Wer austeilt,
dachte der mit Leidenschaft
taubenfütternde Herr Siegerius,
muss auch einstecken können,
und lief bei den Demos für das
verbriefte Recht auf freie
Brieftaubenfütterung,

immer in der ersten Reihe.

Herr Siegerius überlegte auch an
diesem Abend,
ob er nun kurzentschlossen das Buch
aus der Folie holen solle,
um diesem Tag last minute einen
tieferen Sinn zu geben,
als er einschlief und träumte,
er überlege,
ob er nicht endlich das Buch aus der
Folie holen solle,
um kurz vor dem neuen Tag,

dem alten einen tieferen Sinn zu
geben.

Herr Siegerius kennt einen,
der ist schon 1000 Tode gestorben.

Er ist Modell in der Gerichtsmedizin.

Herr Siegerius hatte vollstes
Verständnis für das Anliegen der
Bundesregierung,
die,
nach einer Volks- und
Haustierzählung,
nun auch die Exoten unter Kontrolle
bekommen wollte.
Hierfür nahm er sich einen Tag frei,
sammelte alle Boas, Fuchs- und
Biberschwänze, Taschen, Stiefel und
Gürtel aus Kroko, Piranhas im
Zahnputzbecher, nahm den
nymphomanischen Wellensittich auf
die leichte Schulter und ging aufs
Bürgeramt um zu erfahren,

dass seine Sichtweise völlig
überzogen sei.

Herr Siegerius sparte im Winterhalbjahr Energie.
Zu Hilfe kam ihm die Dunkelheit, die ihn veranlasste, morgens um 6.00 beim Verlassen der Wohnung und auch abends um 19.00 Uhr, wenn er heimkam,

die Jalousien unten zu lassen.

Als an diesem Tage das Läuten des
nachbarlichen Weckers ausblieb,
geriet H. S. in Sorge,
der Nachbar könnte die Arbeit
versäumen und schellte.
Nach 20-minütigem Läuten erschien
dieser und fragte,
ob er denn übergeschnappt sei.
Keineswegs,
er wolle ja nur sicherstellen, dass.......

da fiel sein Blick auf die BAMS.
Kleinlaut, eine Entschuldigung
murmelnd,
zog er sich zurück,
saß lange kopfschüttelnd am
Bettrand und fragte sich,

wie ihm so etwas passieren konnte.

H. S. 111

Herr Siegerius war ein Freund
doppelter Buchführung.

Er führte seine beiden Bücher
wöchentlich durch die städtischen
Museen und Parks.

H. S. 112

Aus Frust,
sein Lebensziel Lehrer nicht erreicht
zu haben,

wurde H. S. zu einem der eifrigsten
Leerer der Stadt.

„Nuhr weehr schraipt,
Macht fähler",
froite sich H. S. ühbär sainen
Afforissmuss
unt schiecktä iin mitt där
eksprässbost ann saine dageszeitunk.

Am Samstag pflegte Herr Siegerius wegen seines absoluten Pflegetages etwas später aufzustehen. Zuerst pflegte er seinen Körper, dann die Wohnung und zu guter Letzt und mit Nachhaltigkeit seine Sprache. Er nahm den Zettel mit den Fremdwörtern der Woche, holte sich das Fremdwörterbuch, die Synonym-, Homonym- und Pseudonym-Lexika zur Hand und tauschte die Wörter entsprechend aus. Danach übte er Betonung, Aussprache und den sinngerechten Einsatz mit und ohne Zusammenhang.

Am Ende jeden Pflegetages pflegte Herr Siegerius zu seinem Grammatik-Ich zu sagen:

Systemimmanent hast du Recht, die Gebrüder G. sahen das allerdings anders…

Auf Anraten seines Psychotherapeuten verbrachte H. S. den diesjährigen Urlaub im Robinson Club. Sein Tag begann um 6.00 mit dem Clubtanz und endete um 2.00 oder 3.00, manchmal um 4.00 Uhr mit ebendiesem. Er besuchte Sprachkurse in der Landessprache, Armbrustschießen, Batiken, er lernte Malen mit Acryl, erkundete die Gegend mit dem Mountainbike, betouchte sich beim Tango Argentino, stählte seinen Körper mit Zumba Zumba Tätärää, übte Empathie beim Kommunikationskurs. Die Transaktionsanalyse „ich bin okay, du bist okay", wurde ihm beigebracht, um nur einige Aktivitäten zu nennen. Am besten taugte ihm die Einweisung: „Wie krieg' ich sie schneller rum". Nach drei Wochen musste er den Urlaub abbrechen;
er kam in die Geschlossene nach Haar, wo er heute noch isst.

Der Schalk
und die Bank
sitzen Herrn Siegerius im Nacken.

Herr Siegerius kaufte neuerdings
auch Geld im Supermarkt ein.
Gebührenfrei,
aber nicht ohne Konsequenzen.
Er fing zaghaft mit 20 Euro an,
steigerte sich von Einkauf zu Einkauf,
und war zu Tode erschrocken,
als die Beträge auf den
Bankauszügen mit negativem
Vorzeichen erschienen.

Herr Siegerius kennt sich sehr gut mit Krankheiten aus.

Er erwarb eine Lizenz als Diplom Hypochonder und hat nun einen Job als Simulator bei medizinischen Vorlesungen.

H. S. 119

Weil H. S. Adorno nicht verstand,

nahm er sich den Kant zur Hand.

| H. S. 120 |

Um nicht zum Profi-Faker zu werden, leistete sich H. S. einen Profi-Liker, der fortan seine Profile auf Facebook, Instagram, Linkedin, Xing und Poppen.de mit Fake-Likes pushen sollte.

„Los", sprach Herr Siegerius und zog
ein Sprachlos,
öffnete es und legte es stumm
beiseite.

Sprachlos bekannte er sich zu seinem
Los, meistens den Kürzeren zu ziehen.

H. S. 122

Alle vier Jahre ging H. S. an den
Schaltkasten und schaltete das Jahr

an/ab,
an/ab,
an/ab.

Herr Siegerius entschied 100 Jahre
nach Erscheinen der Freud'schen
Traumdeutung,
diese neu zu deuten,

um einige seiner Handlungen
nachträglich zu legitimieren.

Grottenschlecht war die Entscheidung,
bei der diesjährigen
Amphibienwanderung einen
Grottenolm,
statt traditionell die Froschmutter zu
küssen.

Postwendend hatte er nämlich nicht
die Prinzessin, sondern einen Herpes
vulgaris oralis nonsexualis.

Herrn Siegerius' Angst vor großen
Tieren war mit der herkömmlichen
Medizin nicht zu lösen.
Ein Hyppo-Therapeut sollte es richten.
Das allein brachte keine Genesung,
und so versetzte der Heilende seinen
Patienten in Hypnose und wandte die
Hyppo-Hypno-Doppeltherapie an.

Erfolgreich.

Da soll einer sagen, Heilpraktiker
verstünden nichts vom Pferd.

Herr Siegerius war in letzter Zeit sehr
entspannt und frei von
Selbstvorwürfen und
Gewissensbissen.
Beim Studium Generale hatte er
erfahren,
dass nicht er,
sondern das persönliche Unbewusste
für seine (Misse-)Taten verantwortlich
sei.
Und wenn nicht,

so tritt das kollektive
Unterbewusstsein für seine Missgriffe
ein.

Herr Siegerius' Enkel beklagte sich:
„Opa, der Alte gegenüber hat wieder
nicht gegrüßt!" –

„Kein Problem,

das nächste Mal,
darfst du ihm den Finger zeigen!"

H. S. 128

Die neuesten Zahlen von Media
Control entsetzten Herrn Siegerius.

Danach war das meistgelesene Buch
des Jahres der Katalog von „Balla-
Ballando" und die meistgekaufte
Platte,
die kalte.

Kalt erwischt.

Herrn Siegerius' Anliegen,
sein Verfahren „Schimmel
wegtoasten" zu patentieren,
wurde mit der Begründung abgelehnt,

Schimmel könne auch als
Antibiotikum genutzt werden,
und unterstünde somit dem
Gesundheitsministerium.

Am Weltschlaftag kam Herr Siegerius
seiner Teppichmentalität nach und
blieb liegen,
um am nächsten Tag bei der Arbeit
zu erfahren,
dass er da was verwechselt hatte,
wie schon letztes Jahr,
anlässlich des Welt-Beischlaftages.

H. S. 131

„Während der heutigen Siesta werde
ich die Telefone nicht abstellen",
entschied Herr Siegerius. „Ich werde
sie schicksalhaft läuten lassen,
ich werde es darauf ankommen
lassen.

Beim Klingeln kann ich ja immer noch
entscheiden, ob ich mich stören lasse,
oder durchschlafe."

H. S. 132

Herr Siegerius war ein anerkannter Frauenversteher.

Eines verstand er trotzdem nicht:

Warum alle von ihm verstandenen Frauen glaubten,
er würde verstehen,
wenn sie erst nach dem dritten Date mit ihm ins Bett gingen.

Die besten Tage im Leben des Herrn Siegerius

waren seine Nächte.

Das Schild „Betreten verboten"
betrübte Herrn Siegerius so sehr,

dass er betreten aus der Wäsche sah
und überlegte,
ob er trotz Warnung das Areal
betreten solle,
um sich an den betretenen Gesichter
der Betretungs-Verbotsaufhänger zu
erfreuen.

H. S. 135

Nach Kopernikus, Darwin und Freud
brachte H. S. der feiernden
Menschheit die vierte Kränkung bei.

Er sagte,

Alaaf klinge besser als Helau.

Herr Siegerius wunderte sich, dass
der Tee, den er mit dem
Würstchenwasser aufgebrüht hatte,
komisch schmeckte.

Besser wurde es,
als er ein paar Flädle zumischte und
das Gebräu als Suppe aß.

Herr Siegerius wurde mit dem
diesjährigen Innovationspreis der
Tabakindustrie ausgezeichnet.
Um überall rauchen zu können,
erfand er den ambulanten
Taschenascher.
An der Innenseite des mit Alufolie
ausgelegten roten Samtmäppchens
lassen sich Zigaretten jederzeit
ausdrücken, um sie nach gebannter
Gefahr wieder genüsslich anzuzünden.

Dass er in der Testphase mehrfach
seinen Sack ansengte, verschwieg er
beflissentlich,
überwog doch der Vorteil.

Als sich wiedermal das ES,
jene Instanz des Unbewussten,
welche von
Trieben, Gefühlen und Bedürfnissen
gesteuert wird, gegenüber
dem ÜBERICH, der Moralinstanz,
durchgesetzt hatte,
sagte das GESAMTICH zufrieden zu
Herrn Siegerius:

„Mach weiter so,

Sigmund hätt' seine Freud' an dir!"

Als Herr Siegerius von Westernhagen
erfuhr,
dass der Künstler nicht da sei,
um Erwartungen zu erfüllen,
machte er einen Freudenhüpfer und
sagte zu seinem Schöpfer:

„Großartig, du kannst weiter so
schreiben, dass keiner was versteht!"

Mitten in der Nacht wurde Herr
Siegerius von nicht identifizierbaren
Geräuschen geweckt.
Besorgt,
es könnte ein ungebetener Gast sein,
ging er auf die Suche,
fand jedoch nichts.
Als er wieder im Bette lag, regte sich
die Lösung.

Es war sein Darm.

Um das Polygamie Verbot in
Deutschland zu umgehen,
wollte H. S. Mormone werden und
nach Salt Lake City/Utah auswandern.
Das Trump'sche Einreisegesetz
verhinderte dieses.

Nun bleibt er da und tröstet sich mit
der Polyamorie.

Nach mehreren wohlgeratenen, kassengestützten Kuraufenthalten

(morgens Fango – abends Tango)

entschloss sich Herr Siegerius den Rest seines Lebens als Heilpendler zu verbringen.

Er pendelte von einer Heilanstalt zur anderen.

Damals in Mutlangen saß Herr
Siegerius neben Walter Jens und
protestierte gegen die Pershing
Raketen auf deutschem Boden.

Beide waren bewaffnet:

Herr Siegerius mit einem
Knoblauchspray
und der Herr Professor mit scharfen,
treffenden Worten.

H. S. 144

Am Tag nach dem Presseball war H. S. froh,
dass nichts Schlechtes über ihn geschrieben werden konnte.

Er hatte weder in die Lobby gepisst,

noch hinter den Tresen gekotzt,

er hatte nicht mit Döner geworfen

und begrabscht hatte er auch niemanden.

Dafür bekam er die „Goldene Tugend"!

Viel aufregender hatte sich H. S. den Kontakt mit dem Rotlicht vorgestellt.

Als zwei Wochen nach der Rotlichtdusche außer einer Maßregelung keine weiteren Gefühle aufkamen,

entschied er,

die Aussage „Rotlicht täte allen gut",
noch einmal zu überdenken.

Für eine ausgewogene Kommunikation in der Partnerschaft erfand Herr Siegerius einen Silbenzähler.
Immer dann,
wenn einer sein Kontingent überschritten hatte,
piepte das Gerät und brachte den Überzieher zum Schweigen.
Bei der Präsentation am Europäischen Patentamt in München kam es beim Auftritt seiner Partnerin zum Dauerpiepen,
was die Ablehnung zur Folge hatte.
Der daraufhin eingesetzte advocatus diaboli, Frau Schwarzer, kritisierte das Unterfangen als tendentiös und beschimpfte den Erfinder als Überbleibsel des Patriarchats.

Da Herr Siegerius in der ganzen letzten Woche brav und ohne Murren den Müll weggebracht, Wasser und Bier geholt, ohne viel Theater Kartoffeln geschält, das Gemüse da und nicht dort gekauft hatte, überlegte seine Partnerin das Liebes- und Sexembargo auszusetzen, es jedoch bei aufmüpfigem Verhalten wieder einzusetzen.

Was die Süddeutsche titelt: „Armut
macht einsam!" stimme nicht,
konterte Herr Siegerius.
Er sei zwar arm, aber nicht einsam.
Denn er hat eine tägliche Begleitung:

seine Sorgen.

Als Herr Siegerius im Bundesanzeiger
las,
dass die Krankheitstage der
Bediensteten der Bundesbehörden,
genauer des Bundesrates,
jährlich mit 21,94 Tagen doppelt so
hoch wie in der freien Wirtschaft
waren,
überlegte er nicht lange und strebte
fortab einen Job in Berlin an.
Spaß würde nicht nur die geregelte
Arbeit in klimatisierten Räumen
machen,
auch das wöchentliche Spazieren-
Fliegen käme ihm entgegen.
Mit den gesammelten Bonusmeilen
könnte er seine Absenz von zu Hause
kompensieren:

als Weihnachtsgeschenk flöge er mit
seiner Partnerin zum Christmas
Shopping nach New York.

Beim Verlassen öffentlicher Toiletten
putzte Herr Siegerius alles sauber,

egal von wem der Dreck herrührte,

denn der Nächste könnte glauben,

es sei von ihm.

„Heute sehe ich weiße Mäuse",
dachte Herr Siegerius,
als er weiße Mäuse sah,
die ekstatisch auf Heavy Metall von
Wacken wackelten.
Unlängst schon sah er eine weiße
Taube,
obwohl kein Weltfriedenstag war.

Völlig wach,
wusste er,
dass beide Erscheinungen nichts mit
dem Komasaufen seines Nachbarn zu
tun hatten.

H. S. 152

Herr Siegerius ging während der
gesamten Faschingszeit als sein
Double verkleidet auf die Bälle.
Nach dem Kehraus wusste er weder
ein noch aus,
er wusste nicht mehr,
wer er war,
sein Stellvertreter oder sein Original.

Verwirrt erschien er auf der Polizei
und bat, sie mögen seine wahre
Identität herausfinden.
Weil das nicht gelang,
brachten sie ihn in die Klappse.
Dort diagnostizierten sie zu aller
Freud das Alter-Ego-Syndrom.

Ob er bis zum nächsten 11.11. 11.11
Uhr genesen sein wird,
wissen die Narren.

Seit langem spielte Herr Siegerius
mit dem Gedanken,
sich eine frische Seele zu besorgen.
So betrat er den Laden,
in dessen Schaufenster dies
angeboten wurde,
und setzte sein faustisches Vorhaben
mithilfe der mephistophelisch
grinsenden Seelenverkäuferin um.

Herr Siegerius ging beim
Landsmannschaftstreffen der
Transilvanier grüßend,
nickend und winkend über den Korso.
Er sammelte etwa 100 Adressen und
Visitenkarten,
kam am Ende der Rennstrecke an
einem Papierkorb vorbei und dachte:

„Was soll der Quatsch?" schmiss die
Sammlung weg und ging zufrieden
lächelnd und befreit atmend zum
Parkplatz.

„Wenn ich jetzt wüsste, wie die
Wohnung über mir geschnitten ist",
überlegte Herr Siegerius,
„dann wüsste ich,
woher das rhythmische Gerammel
kommt,
vom Kochen,
Putzen oder Futzen!"

H. S. 156

Als Herr Siegerius erfuhr,
dass das Wochenende lasterfrei sei,
sagte er das Rendez-vous ab.

Herr Siegerius drehte sich auch mit
70 noch nach Frauen um.
Daraufhin fragte seine Partnerin,
wie lange er das noch machen wolle.
„Bis sich nichts mehr regt …!"

„Kannst Du haben",
sagte sie,

und stach zu.

Die Nachricht,
dass BOTOX bereits 1822 vom
schwäbischen Dichter und Arzt
Justinus Kerner erfunden wurde,
beflügelte Herrn Siegerius derart,
dass sein Patriotismus mit ihm Gassi
ging.
Er promenierte Fähnchen
schwenkend und die Hymne singend
durch die Innenstadt,
jedem Faltigen eine Behandlung
empfehlend.

Nach intensivem Studium der Zusammensetzung des Schweißes und nach Verstehen der Funktionsweise des Schweißens, schaffte Herr Siegerius die Staatliche Prüfung zum Schweißlehrer und Aufgussleiter.

Er wurde Diplom Wedler bei den städtischen Saunen, erreichte damit zwei Lebensziele auf einmal.

Erstens, er kommt bei der Arbeit ins Schwitzen (95 % der Bundesbürger können sich dieser Tatsache nicht rühmen)

und zweitens,

er kann seinem unterdrückten Voyeurismus offen Genüge tun.

Wütend ob der braunen Brühe,
die aus seinem Wasserhahn strömte,
lud Herr Siegerius die hohen Damen
und Herren des Wasseramtes zur
Begutachtung und Verkostung ein.

Die (Kunststoff-)Rohre seien wohl
verrostet,
stellten sie fest,
nach Abkochen bestünde jedoch
keine Vergiftungsgefahr,
befanden die abgebrühten
Verantwortlichen.
Sie zogen kichernd von dannen,
nachdem einer,
wohl der Literaturfreund,
meinte,

man könne das Wasser auch braten
(Tucholsky).

Um das Implantat zu befestigen,
vermengte der BIO-Implantologe
Zement mit tierischem Material und
ließ Herrn Siegerius zwischen

Rind, Schwein und Huhn wählen.

Auf die Frage, ob er dann mit
Rinderwahn, Schweinepest oder
Vogelgrippe rechnen müsse,
antwortete der Zahnarzt:

„MUUUUUH,
MIAU-MIAU,
HAU-HAU"

Auf die Gretenfrage, die Herr
Siegerius beim zweiten Date stellte:

„Wann kann ich deine Brüste sehen?"
zog sie blank,
„Meinen A…. kannst du heute schon
sehen!"

und verschwand.

Herr Siegerius machte jeden Morgen
den Vigilanz Test;
er prüfte inwieweit er imstande war,
die aus dem Toaster heraus-
springenden Scheiben zu fangen.

Besorgt war er immer dann, wenn er
nur eine Scheibe fing oder gar
doppelt danebengriff.

Eines Tages stand sie im
schwarzweißen Kostüm vor Herrn
Siegerius' Türe und sagte,
ihr Name sei Elster.

Die diebische?

Nein, die vom Finanzamt!

Also doch die diebische…!

Herr Siegerius stieg mit 1000
Personen, 100 Sprachen, 10
Hautfarben und 5 Religionen
nächtens auf den Mosesberg.
Ihm fröstelte,
als er an die 10 Gebote dachte.
Mit der Sonne ging ihm ein Licht auf.
Er war der Erleuchtung nahe.

Er spürte,
dass Seele etwas zwischen Gott und
Geschöpf ist.

Weil sein weißer Hibiskus nicht
duftete,
goss Herr Siegerius die Pflanze mit
Parfüm,
und weil er es farbig mochte,
düngte er ihn mit Methylenblau.
Am Ende freute er sich,
dass er einen bunten, gut riechenden
Trockenbusch vor dem Fenster stehen
hatte.

Nach zwei Tüten saure Zungen war
Herrn Siegerius' Zunge so sauer,
dass er sie mit einer sauren Gurke
verwechselte und sie verspeiste.

Anschließend war er sauer auf seine
Zunge,
dass sie sich nicht gewehrt hatte.

Sie fehlte ihm von da an, was
angesichts ihrer vielfältigen
Verwendung im Alter fatal war.

Herr Siegerius war gerne am Puls der
Sprache.
Das Wort „Allegorie" erschien ihm
schwierig;
den Sprung vom Gesagten zum
Gemeinten konnte er sich nicht
vorstellen.
Und so strich er es aus seinem
Wortschatz, ab jetzt nicht mehr
„allegorisch",

sondern sinnbildlich mit den Dingen
umgehend.

H. S. 169

Herr Siegerius war ein einziges Missverständnis.
Er verstand eine Miss nach der anderen.

BONUSMATERIAL

Von Geburt an gehörte H. S. der unteren Mittelschicht an, war also eher gehemmt, mit wenig Selbstvertrauen in seinen Auftritten. Zu Hilfe kam ihm die amerikanische Studie von Belmi, der Training empfahl, um das Selbst-/Fremdbild seiner Klassenzugehörigkeit zu verbessern.
Er besuchte das lebenslange Dauerseminar: „Wie blende ich mich selbst, vor allem aber meine Beobachter?", und hatte Erfolg. Der Grabredner lobte seinen selbstbewussten Auftritt der letzten Tage und alle nickten.

Um nicht als Hundehasser identifiziert zu werden, lief H. S. mit einer Hundeleine um den Hals herum.

Er konnte sich danach vor SM-Angeboten nicht mehr retten.

Nach der Schlagzeile:
„Europa führt die Stechuhr ein!",
sagte Herr Siegerius zu seiner Frau
Siegeria:
„Solang sie den Stechschritt nicht
wieder einführen,
is' mir das wurscht!"
Worauf diese entgegnete:
„Du musst nicht wieder aus einer
Stechmücke einen (Stech-)Elefanten
machen!"

Die Pensionskasse verlangte von
Herrn Siegerius er solle beweisen,
dass er, er sei.

Trotzig erschien er beim Amt,
ließ sich vermessen, vergleichen,
abgleichen und sagte,
es sei vermessen,
so etwas zu verlangen.
Als die Sachbearbeiterin alle Daten in
den Michel-Katalog eingegeben hatte,
ergab das ein irres Geblinke und
wirres Getöne mit der warnenden
Aussage,
diesen Mann gäbe es gar nicht.

Nachdem er aber leibhaftig vor ihr
stand,
startete die irritierte Staatsdienerin
einen zweiten Durchlauf mit dem
erleichternden Ergebnis:
„Das kann nur Herr Siegerius sein!"

Herr Siegerius goss regelmäßig den Bärlauch am Grab seiner Schwiegermutter – quasi als Wiedergutmachung für das Maiglöckchen Pesto,
das er ihr bereitet hatte.

DIE MAGISCHE 69

Ohne Brian Adams zu kennen (der Kanadier war damals 10 Jahre alt), erlebten wir den „Summer of 69", wie die Sommer davor auch, in Costinesti, am Schwarzen Meer. Wir zelebrierten unser Woodstock, wir feierten, wir rockten und wir taten es den Vögeln gleich. Manche richtig, andere platonisch, sokratisch gar. (Also nur Schnäbeln, allerhöchstens Petting). Der Sommer dauerte ewig, es waren unsere besten Tage bei „music, love and vino puro de Murfatlar". Oh yeah, es war der Summer of 69, wir waren jung, rast- und ratlos.
Unser Modell, die Nachricht vom friedlichen Zusammenleben in der „Schwarzmeer-Kommune" war bis nach Amerika gelangt und hat in den „Three days of Music and Love" in Woodstock Nachahmung gefunden. Rock, freie Liebe unter ebendiesem

Himmel und die bewusstseins-
erweiternden Stoffe schafften Stoffe,
die bis heute legendär sind und von
der psychedelischen Beat-Generation
beschrieben wurden (Huxley, Leary,
Boroughs, Jack Kerouac).
Die Zeiten änderten sich. Es wurde
vorübergehend ernst. 1969
diplomierte ich das schönste Studium
der Welt und wurde Sportlehrer.
Vater wollte was „Anständiges" aus
mir machen; ich sollte Textilwesen
studieren und seine Abteilung in der
„Libertatea" übernehmen. Daraus
wurde nichts. Trotzdem wurde ich
nicht enterbt.
69 Jahre hat es gebraucht, bis ich die
69 Kisten und Ordner in Ordnung
gebracht habe, um daraus den Satire
Band: „Die 100 Seiten des Herrn
Siegerius" mit 69 Sentenzen zu
veröffentlichen.
Herr Siegerius ist eine Kunstfigur, die
ich noch zur Kultfigur mache. Er weiß

alles besser und tut es auch kund, obwohl ihn niemand gefragt hat. Sein Senf wird nicht gebraucht.

Zur Zauberhaftigkeit meiner 69 trägt auch die liegende 69 bei. Es ist das Sternzeichen des Krebses. Ich bin zufrieden damit, auch wenn der Krebs problematische Züge aufweist. Er kann vor- und rückwärts gehen. Meine Nähe zum Löwen kompensiert zuweilen.

Zum Schluss meines 69er Plädoyers ist der/die geschätzte LeserIn gefragt: Die liegende 69 hat noch eine Bedeutung in meinem, wie in vielen anderen Leben auch. Was ist es? Die ersten fünf richtigen Antworten werden mit kostenlosen Einladungen zur nächsten Lesung in Ihrer Nähe belohnt.

Herzlichst, Ihr Alt-69er Heinrich Heini

DANKSAGUNG

Dank an Roxy und Hannah für Lektorat und Layout. Mit Euch ist Herr Siegerius auf dem Weg von der Kunstfigur zur Kultfigur.

Dank an Herrn Siegerius, der immer neue Löcher im perfekten Netz der heutigen, neuen Welt entdeckt, um sie dann der Lächerlichkeit preiszugeben.

Dank an Mami, an die Gene meiner Vorfahren, die mir den Umgang mit der Sprache beigebracht haben, die Lust am Fabulieren.

Dank an Papi, von dem ich das stoische Durchhaltevermögen geerbt habe.
Dank an Manfred und Uwe, mit denen ich freundschaftlich und geschäftlich verbunden bin.

Dank an die „Großen" dieser Welt, die immer wieder beweisen, wie klein sie eigentlich sind, und damit Rezeptoren bieten, an die H. S. andocken kann.

Dank an die „Kleinen" dieser Welt, die durch ihre Auftritte reichlich Fettnäpfchen bieten, in die sie dann mit Fleiß tappen.

Dank an mein bisheriges Leben, an mein Kismet und Karma, danke an das Universum (ist es Gott? Wahrscheinlich!), die mir eine sportliche Gesundheit und ein gesundes Denkvermögen (mit einer Prise Verrücktheit) verliehen haben, um mit 69 den ersten und jetzt den zweiten Band „Herr Siegerius" zu veröffentlichen.

Heinrich Heini, im Sommer 2019, Bodensee

Oft angekündigt und sehnsuchtsvoll erwartet – sowohl vom Publikum zahlreicher Lesungen, als auch von H. S. selbst – der zweite Band: Die verborgenen Seiten des Herrn Siegerius. 69 neue Sequenzen „des liebenswerten ‚Trittmerdraf', der kein Fettnäpfchen auslässt, die meisten sogar mit Fleiß sucht", voller Menschenkenntnis, Heimatliebe sowie Erinnerungen in satirischer Verpackung.
(Hildegard Steger über H. S. in der SbZ)

69

Der Autor Heinrich Heini,

bürgerlich Heinrich Ekkehardt Höchsmann, ist mit der Gruppe 47 aus der Taufe gehoben worden. Es war die Zeit, da die Kinder im siebenbürgischen Hermannstadt, allesamt Königskinder, mit Palukes (Polenta) großgezogen wurden. Denn, außer der Hoffnung, „Die Amerikaner kommen", gab es ja nichts.

Immerhin so viel, dass Klein-Heini Schulen besuchen und Sport treiben konnte. Mit Leidenschaft studierte und unterrichtete er Sport bis zur Einreise nach Deutschland 1975. Epigenetisch beeinflusste Affinität zum gesprochenen und geschriebenen Wort, bringen ihn auf die Fährte seiner Großeltern Christine Maly-Theil und Anton Maly.

Karl Valentin, einer seiner geistigen Väter, liegt unweit seinem Opa am Planegger Waldfriedhof. Die beiden kommunizieren laufend über das gemeinsame Medium, Heinrich Heini. Seine Mutter Irmgard hat Windbruch veröffentlicht, ohne Schiffbruch zu erleiden. Der Autor, seines Zeichens Satiriker, schreibt, publiziert und liest regelmäßig aus der wundersamen Gedankenwelt des Herrn Siegerius.

Gerade treibt ihn die Frage um, ob es nicht an der Zeit sei, an die Wurzeln zurückzukehren. In Michelsberg oder sonst wo im Transsilvanischen Hochland könnte er Selbstversorgung betreiben und das Spiel mit den Worten fortsetzen. Die aktuelle Situation vertreibt ihn, der Kreis schlösse sich, er wäre ein vertriebener Vertriebener, ohne Verband, ohne Vertriebenenausweis und ohne Vergünstigungen.